GOUVERNEMENT GÉNÉRAL DE L'INDOCHINE

ARRÊTÉ

réglementant l'attribution

des bourses et secours scolaires aux enfants

de nationalité française.

(14 mars 1928)

HANOI–HAIPHONG

IMPRIMERIE D'EXTRÊME-ORIENT

—

1928

ARRÊTÉ

réglementant l'attribution

des bourses et secours scolaires aux enfants

de nationalité française.

(14 mars 1928)

Le Gouverneur général *p. i.* de l'Indochine, Commandeur de la Légion d'honneur,

Vu les décrets du 20 octobre 1911, portant fixation des pouvoirs du Gouverneur général et organisation administrative et financière de l'Indochine ;

Vu la circulaire ministérielle du 20 juin 1911 ;

Vu le décret du 2 décembre 1925 ;

Vu le décret du 27 janvier 1928 ;

Vu le règlement général de l'Instruction publique de l'Indochine promulgué par arrêté du 21 décembre 1917 et les actes subséquents portant modification dudit règlement ;

Vu l'arrêté du Gouverneur général du 15 octobre 1924, réglementant l'attribution des bourses et secours scolaires aux enfants de nationalité française ;

Vu les arrêtés du 26 novembre 1926 et du 6 mai 1927, modifiant les articles 9, 69 et 76 de l'arrêté du 15 octobre 1924 précité ;

Sur la proposition du Directeur général de l'Instruction publique en Indochine,

Arrête :

Nature, catégorie et qualité des bourses scolaires.

Article premier. — Les bourses ou fractions de bourses attribuées à des enfants de fonctionnaires des Services locaux de l'Indochine sont imputées au budget local du pays où ces fonctionnaires sont en service.

Pour les fonctionnaires en congé, les bourses ou fractions de bourses sont à la charge du pays dans lequel les intéressés étaient en service au moment de leur départ en congé.

Les bourses ou fractions de bourses attribuées à des enfants de fonctionnaires admis à la retraite ou décédés sont supportées par le budget du pays où le fonctionnaire a servi en dernier lieu.

Le budget général supportera les bourses allouées aux enfants des fonctionnaires rétribués ou ayant été rétribués avant leur mise à la retraite ou leur décès par le budget général.

Les bourses ou fractions de bourses attribuées à des enfants de colons français sont à la charge du budget du pays où les parents ont leur domicile.

Le cumul des bourses accordées sur les différents budgets de l'Indochine est interdit.

Art. 2. — Il peut être accordé des bourses de pensionnaire, de demi-pensionnaire, d'externe surveillé ou d'externe libre.

Ces bourses peuvent être fractionnées par moitié ou par quart. Aucune bourse de pensionnaire ne peut être accordée à un élève dont les parents habitent la localité où se trouve l'établissement scolaire qu'il fréquente.

Art. 3. — Les bourses ou fractions de bourses sont attribuées par décision de l'ordonnateur du budget qui doit en supporter la charge.

Art. 4. — Il n'est pas alloué de bourses pour l'enseignement primaire élémentaire.

Art. 5. — Il peut être alloué des bourses :

1° Pour l'enseignement primaire supérieur (garçons et filles) ;

2° Pour l'enseignement secondaire français (garçons et filles) ;

3° Pour l'enseignement secondaire franco-indigène organisé par les arrêtés des 15 juillet et 23 novembre 1927 ;

4° Pour l'enseignement professionnel (garçons et filles).

Art. 6. — Les bourses ne peuvent être mandatées qu'en faveur d'enfants qui fréquentent des établissements d'enseignement public dépendant de l'Etat, des départements ou des communes en France, ou entretenus sur les fonds publics dans les colonies françaises et dans les pays de Protectorat. Exception pourra être faite pour les enfants fréquentant, dans la Métropole, des établissements libres et laïques d'enseignement professionnel, dont le choix aura été agréé par le Gouverneur général.

Conditions pour l'obtention des bourses.

Art. 7. — Peuvent bénéficier d'une bourse scolaire ou d'une fraction de bourse les enfants, filles et garçons, légitimes ou reconnus, de nationalité française qui satisfont aux conditions de famille, d'âge et d'aptitude déterminées par le présent arrêté.

Conditions de famille.

Art. 8. — Les conditions de famille à remplir par les candidats aux bourses sont les suivantes :

a) Si les parents sont ou ont été fonctionnaires civils ou militaires, ils doivent avoir occupé une situation rétribuée sur un quelconque des budgets de la colonie, à l'exception du budget colonial ;

b) Si les parents sont ou ont été commerçants, industriels ou colons, ils doivent avoir été inscrits pendant cinq ans au moins soit au rôle des patentes, soit à celui de l'impôt foncier de leur résidence ou avoir été employés pendant le même temps dans une ou plusieurs entreprises, maisons de commerce ou exploitations industrielles et agricoles régulièrement soumises à l'impôt.

Toutefois, les colons qui auront acquis soit un périmètre réservé soit une concession provisoire non sujets à l'impôt foncier seront considérés comme inscrits sur les rôles d'impôt dès le jour de l'obtention soit du périmètre soit de la concession provisoire.

Art. 9. — Dans aucun cas, les parents ne devront s'ils sont fonctionnaires, recevoir soit par un seul traitement, soit en cumulant plusieurs traitements, une solde de présence supérieure à 9.200 francs, s'ils n'ont qu'un enfant vivant à leur charge ; à 11.500 francs, s'ils en ont deux ; à 14.000 francs, s'ils en ont trois ; à 16.000 francs, s'ils en ont quatre. Ces traitements ainsi déterminés comportent les suppléments provisoires institués par l'arrêté du 20 juillet 1926.

Les parents non fonctionnaires, selon qu'ils ont 1, 2, 3 ou 4 enfants vivant à leur charge, ne devront pas jouir d'un revenu supérieur à l'ensemble des avantages fixes (solde de présence, supplément colonial, indemnité pour charges de famille) dont jouissent respectivement les fonctionnaires recevant les soldes de présence énumérées au paragraphe précédent.

Aucune condition de revenu n'est imposée aux pères de famille ayant plus de quatre enfants vivant à leur charge.

Les filles mariées, les fils majeurs et les fils mineurs engagés ou pourvus d'un emploi rétribué n'entrent point dans le décompte du nombre des enfants.

Pour les fonctionnaires en retraite, la limite ci-dessus sera applicable en prenant pour base le montant du dernier traitement dont a joui l'intéressé avant son admission à la retraite, les tarifs de base étant respectivement 7.000, 9.000, 11.000 et 13.000 dans le cas où les intéressés n'auraient pas bénéficié des suppléments provisoires précités.

Les enfants morts pour la France sont considérés comme vivants, pour la détermination du nombre des enfants.

CONDITIONS D'AGE ET D'APTITUDE

Examen d'aptitude. — Dispositions générales.

Art. 10. — Il est institué chaque année en Indochine quatre examens d'aptitude aux bourses, examens communs aux garçons et aux filles ;

1° Un examen commun aux candidats aux bourses dans :

    a) les classes de 6ᵉ et 5ᵉ des lycées et collèges ;

    b) les cours supérieurs annexés aux écoles primaires supérieures et dans la 1ʳᵉ année des écoles primaires supérieures et des cours complémentaires ;

2° Un examen spécial à l'enseignement primaire supérieur comprenant les candidats aux bourses à partir de la 2ᵉ année des écoles primaires supérieures et des cours complémentaires ;

3° Un examen spécial aux candidats aux bourses dans les classes de 4ᵉ, 3ᵉ, 2ᵉ et 1ʳᵉ de l'enseignement secondaire français et dans la classe de 1ʳᵉ année de l'enseignement secondaire franco-indigène ;

4° Un examen spécial pour les candidats aux bourses dans les classes de 2ᵉ année de l'enseignement secondaire franco-indigène.

Les candidats et candidates à une bourse indochinoise devront, s'ils résident en France, avoir subi avec succès les examens d'aptitude prévus par la réglementation métropolitaine.

Art. 11. — Les divers examens d'aptitude ci-dessus énumérés ont lieu dans le courant du mois de mai ou de juin au chef-lieu de chaque pays de l'Union, à la date fixée par le Gouverneur général sur la proposition du Directeur général de l'Instruction publique en Indochine.

La date de l'examen est annoncée deux mois au moins à l'avance. Les registres d'inscriptions sont ouverts pour les bourses à octroyer sur le budget général à la Direction de l'Instruction publique et pour les bourses à octroyer sur les budgets locaux à l'Administration locale intéressée.

Ces registres sont clos un mois avant la date fixée pour l'examen. La liste des candidats est arrêtée par le Gouverneur général sur la proposition du Directeur général de l'Instruction publique et par les Chefs d'Administration locale intéressés. Les convocations sont faites individuellement par la Direction de l'Instruction publique ou par le Chef d'Administration locale.

Art. 12. — Pour les quatre examens, il est institué dans chaque pays de l'Union une commission d'examen dont les membres sont nommés par le Directeur général de l'Instruction publique en Indochine après consultation des Chefs d'Administration locale.

Ces commissions se composent du Directeur général de l'Instruction publique ou de son délégué, Président ;

d'un administrateur ou d'un administrateur-adjoint des Services civils, délégué du Gouvernement local ;

et d'un nombre des professeurs variable avec le nombre des candidats.

Art. 13. Les examens des bourses comportent des épreuves écrites et des épreuves orales. Les épreuves orales seules sont publiques.

Les sujets sont choisis pour les 4 examens par le Directeur général de l'Instruction publique.

Ils sont envoyés au Président des commissions d'examens sous pli cacheté qui ne doit être ouvert qu'au moment même de l'examen et en présence des candidats.

Art. 14. — Les candidats et candidates sont distribués en séries suivant leur âge, chaque série correspondant à une classe.

Toutefois, si un candidat appartient déjà à une classe supérieure à celle de son âge, il est tenu à subir l'examen sur les matières de cette classe.

Aucune dispense d'âge n'est accordée.

Art. 15. — Le résultat de l'examen n'est valable que jusqu'au 31 décembre de l'année au cours de laquelle il a été subi.

Art. 16. — Les épreuves écrites et orales y compris l'écriture sont notées de 0 à 20.

Toute note 0 soit à l'examen écrit, soit à l'examen oral, entraîne l'ajournement du candidat. Lorsque l'épreuve d'orthographe comporte une dictée et des questions, 10 points sont attribués à la dictée et 10 points aux questions ; la note o en dictée, entraîne l'ajournement du candidat, quelle que soit la note qu'il obtienne en questions.

Les candidats ne sont admissibles aux épreuves orales que s'ils obtiennent la moyenne des points pour les épreuves écrites.

Ils ne sont admis définitivement que s'ils obtiennent la moyenne des points pour l'ensemble des épreuves.

Art. 17. — Immédiatement après les examens, le Président de la Commission d'examen rédige un procès-verbal auquel il joint la liste nominative des candidats qui se sont présentés avec les notes qu'ils ont obtenues ; les candidats sont inscrits sur cette liste par ordre alphabétique et par séries.

Le procès-verbal est transmis, dans la quinzaine qui suit la clôture de la session, au Directeur général de l'Instruction publique qui dresse par ordre de mérite la liste générale des élèves reçus à l'examen d'aptitude et la soumet à l'approbation du Gouverneur général. La liste approuvée est ensuite transmise par le Gouverneur général à la Direction de l'Instruction publique et aux Chefs d'Administration locale.

Art. 18. — Les examens qui n'auraient pas été subis dans les conditions réglementaires peuvent être annulés par le Gouverneur général sur la proposition du Directeur général de l'Instruction publique en Indochine.

CONDITIONS DES DIVERS EXAMENS D'APTITUDE

Examens des bourses communs à l'enseignement secondaire et primaire supérieur.

Art. 19. — Les candidats et candidates sont rangés en deux séries.

1re *série.*

Candidats et candidates aux classes de 6e des lycées et collèges.

Candidats et candidates aux cours supérieurs annexés aux écoles primaires supérieures.

Les candidats et candidates doivent avoir moins de 13 ans au 31 décembre de l'année où l'examen est subi.

2e *série.*

Candidats et candidates aux classes de 5e des lycées et collèges.

Candidats et candidates à la première année des écoles primaires supérieures et des cours complémentaires.

Les candidats et candidates doivent avoir moins de 14 ans au 31 décembre de l'année où l'examen est subi.

Art. 20. — L'examen de la 1re série porte sur le programme du cours moyen des écoles primaires élémentaires et de la classe de 7e des établissements d'enseignement secondaire.

L'examen de la 2e série porte sur les programmes du cours supérieur des écoles primaires, du cours préparatoire des écoles primaires supérieures et de la classe de 6e des établissements d'enseignement secondaire.

POUR LA 1re SÉRIE

Epreuves écrites.

1° Une dictée de 12 lignes environ, durée 15 minutes, coefficient 2 ;

2° Trois questions relatives l'une à la connaissance du vocabulaire et les deux autres à la grammaire et à l'intelligence du texte. Durée une demi-heure, coefficient 2 ;

3° Deux problèmes d'arithmétique pratique et de système métrique, avec solution raisonnée. Durée 50 minutes, coefficient 2.

La durée indiquée pour les épreuves doit s'entendre de leur durée réelle, indépendamment du temps de la dictée des textes ou sujets. Pour la dictée les 15 minutes prévues sont consacrées par les candidats à relire et à corriger leur dictée.

POUR LA 2e SÉRIE

Epreuves écrites.

1° Composition française (description, portrait, récit ou lettre d'un genre simple). Durée : 1 heure et demie, coefficient 2 ;

2° Composition d'arithmétique, solution raisonnée de 2 problèmes. Durée 1 heure et demie, coefficient 2 ;

3° Epreuves à option — A. — Exercice latin consistant en traduction de phrases très simples de latin en français et de français en latin et en questions de grammaire relatives aux formes et aux règles élémentaires de la syntaxe latine. Il sera tenu le plus grand compte de l'orthographe française, coefficient 2 ; durée 45 minutes. — B. — Dictée d'environ 15 lignes suivie de 5 questions au maximum relatives, les unes à l'intelligence du texte, les autres à la connaissance de la langue (explication du sens d'un mot, d'une expression ou d'une phrase). Il est accordé aux candidats 45 minutes pour relire la dictée et répondre aux questions. Coefficient 2 ; dix points sont attribués à la dictée et 10 aux questions. La note o en dictée maintenue après délibération du jury, entraîne l'ajournement du candidat quelle que soit la note qu'il obtienne pour les questions.

La durée indiquée pour les épreuves doit s'entendre de leur durée réelle, indépendamment de la dictée des textes ou sujets.

Art. 21. — L'examen oral comprend :

Pour la 1re série :

1° Lecture d'un texte français suivie de questions simples sur la grammaire, le sens des mots et l'intelligence du texte, coefficient 2 ;

2° Interrogation sur le programme de sciences, coefficient 1 ;

3° Interrogation sur le programme d'histoire et de géographie, coefficient 1.

Pour la 2e série :

1° Lecture avec interrogation et analyse d'une phrase, coefficient 1 ;

2° Interrogation sur l'histoire et la géographie, coefficient 1 ;

3° Interrogation sur les éléments de sciences physiques et naturelles, coefficient 1.

Art. 22. — L'admission à l'examen de la 2° série confère au candidat et sur sa demande, le certificat d'études primaires élémentaires s'il ne le possède déjà.

Examen de bourses spécial à l'enseignement primaire
supérieur.

Art. 23. — Les candidats aux bourses de l'enseignement primaire supérieur sont répartis en 4 séries. Ceux des deux premières séries subissent l'examen commun aux élèves de l'enseignement secondaire et de l'enseignement primaire supérieur prévu aux articles 19, 20 et 21 du présent arrêté ; ceux des autres séries un examen spécial à l'enseignement primaire supérieur.

Art. 24. — Les candidats de la 3ᵉ série, devant entrer en 2ᵉ année doivent être âgés de moins de 15 ans au 31 décembre de l'année où l'examen est subi.

Les candidats de la 4ᵉ série doivent être âgés de moins de 16 ans au 31 décembre de l'année où l'examen est subi.

Art. 25. — L'examen de la 3ᵉ série porte sur le programme de la 1ʳᵉ année des écoles primaires supérieures et comprend les épreuves suivantes :

A. — *Epreuves écrites.*

1° Dictée d'orthographe d'environ quinze lignes, suivie de 5 questions au maximum, relatives à l'intelligence du texte. Il est accordé aux candidats une demi-heure pour relire la dictée et répondre aux questions ;

2° Composition française (description, récit ou lettre d'un genre simple, développement d'une question de morale). Durée : deux heures ;

3° Composition de mathématiques comportant un problème d'arithmétique ou d'algèbre et une question de géométrie. Durée : 1 heure et demie ;

4° Ecriture (la dictée sert pour cette épreuve dont le coefficient est d'un demi).

B. — *Epreuves orales et pratiques :*

1° Lecture avec interrogation et analyse d'une phrase ;
2° Interrogations sur l'histoire ;
3° Interrogations sur la géographie ;

4° Interrogations sur la physique, la chimie ou les sciences naturelles ;

5° Exercice de dessin ou de travail manuel. Durée : 2 heures.

Art. 26. — L'examen de la 4ᵉ série porte sur le programme de la 2ᵉ année des écoles primaires supérieures et comprend les épreuves suivantes :

A. — *Epreuves écrites.*

1° Composition française (description, récit ou lettre, développement d'une question de morale ou d'instruction civique). Durée : 2 heures ;

2° Composition de mathématiques comportant un problème d'arithmétique (ou d'algèbre) et une question de géométrie pour les candidats des sections commerciales et ménagères, la question de géométrie est remplacée par un second problème d'arithmétique). Durée : 1 heure et demie ;

3° Composition portant, suivant les sections, sur les applications des sciences physiques, chimiques et naturelles, soit à l'agriculture, soit à l'industrie, au commerce, à l'art nautique, à la vie ménagère etc... Durée : 1 heure et demie ;

4° Orthographe (la composition française sert pour cette épreuve dont le coefficient est d'un demi).

B. — *Epreuves orales et pratiques :*

a. — *Pour la Section générale :*

1° Lecture expliquée d'un texte français ;
2° Interrogations sur l'histoire ;
3° Interrogations sur la géographie ;
4° Exercice de dessin ou de travail manuel.

b. — *Pour les Sections agricole, industrielle et ménagère :*

1° Lecture expliquée d'un texte français ;
2° Interrogations sur l'histoire et la géographie ;
3° Exercice de dessin ;
4° Exercice de travail manuel.

c. — *Pour la Section commerciale :*

1° Lecture expliquée d'un texte français ;
2° Interrogations sur l'histoire ;
3° Interrogations sur la géographie ;
4° Conversation en langue étrangère.

Examen des bourses spécial à l'enseignement secondaire.

Dispositions générales.

Art. 27. — Les candidats aux bourses des lycées et collèges sont répartis en 6 séries. Ceux des deux premières subissent un examen commun aux élèves de l'enseignement secondaire et de l'enseignement primaire supérieur, ceux des autres séries subissent un examen spécial à l'enseignement secondaire.

Art. 28. — Les candidats et candidates doivent avoir au 31 décembre de l'année où l'examen est subi :

Pour être incrits en 3° série, moins de 15 ans ;
Pour être inscrits en 4° série, moins de 16 ans ;
Pour être inscrits en 5° série, moins de 17 ans ;
Pour être inscrits en 6° série, moins de 18 ans.

Art. 29. — Les candidats et candidates sont examinés, dans la 3° série, sur les matières de la classe de 5° ; dans la 4° série sur les matières de la classe de 4° et ainsi de suite.
L'examen comporte deux épreuves, l'une écrite l'autre orale.

Art. 30. — L'épreuve écrite est éliminatoire. Elle comprend :

a) *Pour la 3°, 4°, 5° et 6° série des Sections A et A' :*

1° Une composition française (commune avec la Section B) ;
2° Une composition de sciences (commune avec la Section B) ;
3° Une version latine.

b) *Pour la 3°, 4°, 5° et 6° série de la Section B :*

1° Une composition française (commune avec la Section A) ;
2° Une composition de sciences (commune avec la Section A) ;
3° Une composition de langue vivante.

La durée des épreuves écrites est fixée ainsi qu'il suit :

a) 3ᵉ, 4ᵉ séries, 2 heures pour la composition française, 1 heure 3o pour chacune des 2 autres épreuves.

b) 5ᵉ et 6ᵉ séries, 2 heures pour la composition française et la composition de sciences, 1 heure 3o pour l'épreuve de langue ancienne ou moderne.

Art. 31. — L'examen oral comprend :

Pour la 3ᵉ et la 4ᵉ série de la Section A :

1° Une explication française, coefficient 1 ;
2° Une explication latine, coefficient 1 ;
3° Une interrogation sur les sciences, coefficient 2 ;
4° Une interrogation sur l'histoire et la géographie, coefficient 1 ;
5° Une interrogation sur une langue vivante, coefficient 1.

Pour la 3ᵉ et la 4ᵉ série de la Section B :

1° Une explication française, coefficient 2 ;
2° Une interrogation sur les sciences, coefficient 2 ;
3° Une interrogation sur l'histoire et la géographie, coefficient 1 ;
4° Une interrogation sur une langue vivante, coefficient 1.

Pour la 5ᵉ et la 6ᵉ série de la Section A :

1° Une explication française, coefficient 1 ;
2° Une explication latine, coefficient 1 ;
3° Une explication grecque, coefficient 1 ;
4° Une interrogation sur les sciences, coefficient 2 ;
5° Une interrogation sur l'histoire et la géographie, coefficient 1 ;

Pour la 5ᵉ et la 6ᵉ série de la Section A' (sans grec) :

1° Une explication française, coefficient 1 ;
2° Une explication latine, coefficient 1 ;
3° Une interrogation sur les sciences, coefficient 2 ;
4° Une interrogation sur l'histoire et la géographie, coefficient 1 ;
5° Une interrogation sur une langue vivante, coefficient 1.

Pour la 5e et la 6e série de la Section B :

1° Une explication française, coefficient 1 ;

2° Une interrogation sur les sciences, coefficient 2 ;

3° Une interrogation sur l'histoire et la géographie, coefficient 1 ;

4° Une interrogation sur chacune des 2 langues étudiées, coefficient 1.

Art. 32. — Les épreuves de langues vivantes à l'examen écrit et à l'examen oral, portent sur l'anglais, l'allemand, l'italien, l'espagnol ou l'annamite.

Dans les séries où deux langues sont représentées, l'une des épreuves porte obligatoirement sur l'allemand, l'anglais ou l'annamite.

L'usage d'un lexique en langue étrangère, sans traduction est autorisé dans les épreuves écrites.

Art. 33. — Les bourses d'enseignement secondaire concédées pour le 1er cycle prennent fin de plein droit à l'achèvement de ce cycle ; elles ne peuvent être renouvelées pour le 2e cycle qu'en faveur des boursiers qui justifient de leur inscription au tableau d'honneur et sont l'objet d'une proposition spéciale du Chef d'établissement après avis délibéré par le Conseil des Professeurs de la classe de 3e.

Examen des bourses spécial à l'enseignement secondaire
franco-indigène.

Art. 34. — Les candidats aux bourses de 1re année de l'enseignement secondaire franco-indigène, sont soumis aux conditions d'âge et à l'examen prévu pour la 5e série de l'examen spécial à l'enseignement secondaire français.

Art. 35. — Les candidats aux bourses pour la 2e année de l'enseignement secondaire franco-indigène devront satisfaire aux conditions d'âge prévues pour la 6e série de l'examen spécial à l'enseignement secondaire français et subir un examen d'aptitude spécial portant sur le programme de la 1re année de l'enseignement secondaire franco-indigène.

Organisation de l'examen

Art. 36. — Cet examen sera ainsi constitué :

Epreuves écrites.

1° Une composition française (commune à la 6ᵉ série de l'examen des bourses spécial à l'enseignement secondaire français) ;
2° Une composition de sciences ;
3° Une composition sur une langue locale.

La durée des épreuves écrites est fixée ainsi qu'il suit :

a) 2 heures pour chacune des deux premières épreuves ;
b) 1 heure et demie pour la troisième épreuve.

Epreuves orales.

1° Une explication française ;
2° Une interrogation sur les sciences ;
3° Une interrogation sur l'histoire et la géographie ;
4° Une interrogation sur la langue locale et sur la langue mère étudiée (chinois en pays annamite, sanscrit et pali en pays laotien et cambodgien).

Dispositions spéciales

Art. 37. — Des bourses peuvent être concédées sans examens à des élèves ayant moins de 21 ans, s'ils ont subi avec succès au moins la 1ʳᵉ partie des épreuves du baccalauréat français ou du baccalauréat franco-indigène.

Art. 38. — Les élèves boursiers de l'enseignement primaire supérieur peuvent être transférés, avec jouissance d'une bourse, dans l'enseignement secondaire ou dans l'enseignement professionnel, s'ils sont âgés de moins de 16 ans au 1ᵉʳ janvier de l'année où se fait la mutation.

Art. 39. — Les élèves boursiers de l'enseignement secondaire et de l'enseignement professionnel peuvent être transférés avec jouissance d'une bourse, dans l'enseignement primaire supérieur, s'ils sont âgés de 12 ans au moins et de 15 ans au plus au 1ᵉʳ octobre de l'année où la demande de transfèrement est produite.

Art. 40. — Les élèves boursiers de l'enseignement secondaire français peuvent être transférés à la sortie de la 3ᵉ année dans la 1ʳᵉ année de l'enseignement secondaire franco-indigène.

~ Art. 41. — Dans les écoles primaires supérieures de la Colonie, auxquelles est annexé un cours normal préparant au brevet supérieur, les candidats pourvus d'une bourse d'enseignement primaire supérieur et titulaires du brevet élémentaire continueront à bénéficier de leur bourse pour la durée de ce cours.

BOURSES D'ENSEIGNEMENT PROFESSIONNEL

Art. 42. — Il n'est pas institué d'examen pour les bourses d'enseignement professionnel. Les candidats à une bourse d'enseignement professionnel devront justifier, en indiquant l'établissement pour lequel ils sollicitent une bourse :

1° Qu'ils sont dans les limites d'âge fixées pour l'admission dans cet établissement ;

2° Qu'ils possèdent les diplômes exigés des aspirants par les règlements de l'établissement ;

3° Au cas où il existe un examen d'entrée, qu'ils ont subi cet examen avec succès.

Art. 43. — En raison de la diversité des examens d'entrée et des dates différentes de leurs sessions, les bourses d'enseignement professionnel pourront être attribuées à titre provisoire aux candidats satisfaisant aux deux premières conditions prévues à l'article précédent ; ces bourses ne pourront être mandatées qu'après réception en Indochine, d'un certificat des autorités préposées à la direction de l'établissement choisi constatant que l'intéressé y a été admis définitivement.

Les boursiers de l'enseignement professionnel métropolitain pourront recevoir une indemnité de trousseau lors de leur entrée dans l'établissement pour lequel une bourse leur est accordée et, s'il y a lieu, une indemnité spéciale annuelle pour leur entretien pendant les grandes vacances.

La transformation d'une bourse d'enseignement primaire supérieur ou d'enseignement secondaire en bourse d'enseignement professionnel ne pourra intervenir que sur la production d'un certificat du Directeur de l'établissement où le candidat désire entrer, constatant que l'intéressé est apte à y être admis.

Attribution des bourses

Demandes de bourses.

Art. 44. — Les demandes de bourses, ainsi que les demandes de renouvellement ou de transformation de bourses doivent être adressées, selon le budget auquel la bourse est imputable, au Gouverneur général (Direction de l'Instruction publique) ou aux Chefs des Gouvernements locaux dans les délais et accompagnées des pièces indiquées ci-après.

Art. 45. — Les demandes de bourses doivent parvenir pour les candidats résidant en Indochine avant la clôture du registre d'inscription prévu à l'article 11 du présent arrêté.

Au cas où à l'époque de la réunion des commissions les certificats d'aptitude aux bourses nationales des candidats résidant en France ne seraient pas parvenus encore en Indochine, des bourses ne pourront leur être concédées qu'après la réception des certificats susvisés, mais avec effet rétroactif, s'il y a lieu, à compter de la date de la rentrée scolaire.

Art. 46. — Les parents ou tuteurs qui sollicitent une bourse pour leur enfant ou pupille doivent fournir le dossier scolaire et le dossier de famille du candidat.

Art. 47. — Le dossier scolaire comprend les pièces suivantes :

1° l'extrait de l'acte ou bulletin de naissance du candidat ;

2° une déclaration précisant : a) la catégorie de bourse sollicitée (enseignement primaire supérieur, enseignement secondaire français ou franco-indigène ou enseignement professionnel) ; b) si le bénéficiaire jouira de la bourse en France, en Indochine ou dans une autre colonie ; c) la nature et le montant de la bourse sollicitée (bourse de pensionnaire, de demi-pensionnaire, d'externe surveillé ou d'externe libre) ; d) dans le cas d'une bourse d'enseignement professionnel, l'établissement choisi avec le programme des études et les conditions d'admission de cet établissement ;

3° le livret scolaire du candidat ou, à défaut, un certificat du Directeur du dernier établissement scolaire qu'il a fréquenté, constatant son degré d'instruction et ses aptitudes, indiquant, s'il y a lieu, les diplômes qu'il a obtenus, et facultativement, l'extrait du palmarès de la dernière distribution des prix auquel il a pris part ;

4° les diplômes ou copies légalisées des diplômes, qui sont requis pour l'admission dans l'établissement ou qui confèrent au candidat la dispense de l'examen d'aptitude ;

5° pour les enfants résidant en France, candidats à une bourse d'enseignement secondaire, le certificat d'aptitude aux bourses nationales.

Art. 48. — Le dossier de famille du candidat comprend les pièces suivantes :

1° Déclaration du chef de famille faisant connaître : *a)* son état civil ; *b)* les noms et prénoms de ses enfants vivant à sa charge. Cette pièce doit être certifiée exacte par le maire de sa résidence ou le fonctionnaire y faisant fonctions d'officier de l'état civil ;

2° Si le chef de famille est fonctionnaire ou agent civil ou militaire, une note contresignée par son chef de service, indiquant : *a)* ses états de service et son temps de séjour dans la colonie ; *b)* le montant de sa solde ; *c)* l'indication des bourses ou secours scolaires dont il a bénéficié pour ses enfants. Si le père et la mère du candidat sont deux fonctionnaires ou agents, mention devra en être faite avec indication de la solde dont jouit l'autre conjoint.

Si le chef de famille n'est pas fonctionnaire ou agent civil ou militaire, une note indiquant : *a)* sa profession et la durée de son séjour en Indochine ; *b)* le siège de sa profession, industrie, exploitation ou commerce, avec la mention des endroits où sont situés en Indochine, les différents établissements, usines ou concessions qu'il exploite ; *c)* l'indication des allocations scolaires dont il a déjà bénéficié pour ses enfants. Si le père et la mère du candidat sont tous deux engagés dans une profession, ou si l'autre conjoint est fonctionnaire ou agent d'une administration publique, mention devra en être faite avec, dans le second cas, l'indication du grade et de la solde de l'autre conjoint ;

3° Une déclaration signée du chef de famille, attestant que l'ensemble des revenus annuels de toute nature dont jouit le ménage ne dépasse pas, eu égard au nombre des enfants, les quotités annuelles prévues à l'article 9, paragraphe 1.

Art. 49. — Les tuteurs qui sollicitent des bourses pour leurs pupilles établissent les pièces ci-dessus concernant l'état civil, les services et la situation de fortune des parents à l'exception de la déclaration susvisée. Les femmes veuves doivent indiquer, outre leur situation actuelle, la situation de service et de fortune du père au moment de son décès. Les fonctionnaires retraités indiquent, outre le montant de leur retraite, le montant de leur solde au moment de la cessation d'activité.

Art. 5o. — Les demandes en renouvellement ou en transformation de bourses doivent parvenir avant le 15 juin de chaque année au Gouverneur général (Direction de l'Instruction publique) ou aux Chefs d'Administration locale intéressés. Elles doivent être accompagnées des pièces suivantes :

1° Un certificat émanant du directeur de l'établissement où l'élève fait ses études, arrêté au 1er avril, constatant que l'élève a régulièrement suivi les cours en qualité de pensionnaire, de demi-pensionnaire, d'externe surveillé ou d'externe libre selon la nature de la bourse dont il est titulaire et donnant, avec le relevé des notes, places de compositions, et récompenses obtenues dans le semestre écoulé, son appréciation générale et l'avis du Conseil des professeurs de la classe sur la valeur des études et le mérite du candidat. A cette note, on pourra joindre toutes indications et références de nature à renseigner sur le travail de l'élève, depuis l'obtention ou le dernier renouvellement de la bourse, prix et mentions obtenus, copie certifiée du livret scolaire, etc.

2° Une note indiquant l'établissement que fréquentera l'élève pendant l'année scolaire suivante, et la classe ou année dont il suivra les cours ;

3° Une déclaration que la situation de fortune des parents n'a pas été modifiée au cours de l'année écoulée de manière à dépasser, en considération du nombre des enfants vivant à leur charge, les quotités fixées à l'article 9, paragraphe 1.

RÉPARTITION DES BOURSES

Commissions de répartition.

Art. 51. — Les demandes de bourses formulées par les fonctionnaires relevant du budget général sont examinées par une commission désignée par le Gouverneur général.

Cette commission est ainsi composée :

Le Directeur général de l'Instruction publique ou son délégué, *président ;*
Un délégué du Gourverneur général ;
Uu délégué du Directeur des Finances ;
Un père ou une mère de famille nombreuse non fonctionnaire, désigné par le Gouverneur général ;
Le fonctionnaire de la Direction de l'Instruction publique, chargé du contrôle des bourses scolaires, *secrétaire.*

Art. 52. — Les demandes formulées par les particuliers ou par les fonctionnaires relevant des budgets locaux sont examinées par une commission désignée dans chaque pays de l'Union par le Chef du Gouvernement local.

Cette commission est composée, en Cochinchine :

d'un administrateur délégué du Gouvernement local, *président ;*
d'un membre élu du Conseil colonial ;
du chef local de l'Enseignement ;
d'un père ou d'une mère de famille nombreuse non fonctionnaire, désigné par le Chef d'Administration locale ;
du fonctionnaire des bureaux du Gouvernement local, chargé du contrôle des bourses scolaires, *secrétaire.*

Dans les autres pays de l'Union les commissions sont composées des mêmes membres moins le membre élu du Conseil colonial.

Art. 53. — Les commissions de classement et de répartition des bourses se réunissent, sur la convocation de leur président, dans un délai maximum de deux mois après la clôture des opérations des commissions d'examen d'aptitude.

Elles sont chargées :

a) d'examiner les demandes de renouvellement et de transformation des bourses en cours ;
b) de classer les demandes de bourses nouvelles.

Art. 54. — A cet effet, les Présidents des commissions reçoivent pour les demandes de concession de bourses nouvelles par les soins du Directeur de l'Instruction publique ou des Chefs d'Administration locale selon le cas :

1º le dossier scolaire et le dossier de famille prévus aux articles 47 et 48 ;

2º la liste des admis prévue à l'article 17.

Pour les demandes de renouvellement ou de transformation les Présidents des commissions reçoivent de la même manière les dossiers prévus à l'article 5o.

Art. 55. — Au cas où la rentrée scolaire dans un établissement aurait lieu, soit en France, soit en Indochine, avant l'époque de la réunion des commissions, les bourses anciennes des candidats qui le fréquentent seraient de droit prorogées jusqu'à cette époque ; les bourses nouvelles, concédées par la suite auront effet rétroactif jusqu'à la date de la rentrée scolaire.

Art. 56. — Les commissions étudient d'abord les demandes de renouvellement et de transformation de bourses. Les bourses peuvent être renouvelées intégralement ou partiellement. Les motifs qui peuvent déterminer le renouvellement partiel sont les modifications survenues dans la situation de fortune des parents ou les résultats insuffisants obtenus par le boursier dans ses études. Les mêmes motifs peuvent amener les commissions à proposer purement et simplement le non renouvellement.

Art. 57. — Sous réserve de la disposition insérée à l'article 37 aucune bourse ou fraction de bourse ne peut être maintenue en faveur de jeunes gens de plus de dix-neuf ans, à moins que le titulaire n'atteigne ses dix-neuf ans au cours de l'année scolaire.

Des bourses ou allocations spéciales peuvent être accordées dans les cours préparatoires aux grandes écoles, aux élèves des dites écoles et aux étudiants de l'Enseignement supérieur. Ces bourses et allocations scolaires sont attribuées par le Gouverneur général ou le Chef d'Administration locale après examen par eux du dossier de famille et après avis du Directeur général de l'Instruction publique sur le dossier scolaire du candidat..

Art. 58. — Après avoir arrêté le nombre de bourses ou de fractions de bourses proposées pour le renouvellement ou la transformation, chaque commission détermine le crédit restant disponible pour allocation de bourses nouvelles. Elle procède alors pour le classement des demandes de bourses nouvelles, de la manière suivante.

Art. 59. — Après avoir pris connaissance des dossiers scolaires, elle exprime par une note variant de 0 à 20, le mérite de chaque candidat en tenant compte :

a) de l'âge du candidat ;

b) des diplômes qu'il a obtenus ou du résultat de l'examen d'aptitude ;

c) de la valeur des études qu'il a déjà faites.

Les candidats sont alors classés par ordre de préférence dans chaque catégorie de bourse.

Art. 60. — Après avoir pris connaissance des dossiers de famille, elle exprime par une note variant de 0 à 20, les titres que crée au candidat la situation de fortune des parents en tenant compte :

a) des revenus annuels des parents et de leurs charges ;

a) des services rendus par les parents à la colonie ;

c) du nombre d'enfants mineurs vivants et des allocations scolaires dont ils ont déjà bénéficié ;

d) cette note est majorée ensuite de 1/5 pour les orphelins de père, de 1/4 pour les orphelins de père et de mère.

Art. 61. — Elle établit alors pour chaque catégorie la liste des candidats classés d'après le total de ces deux notes.

Elle répartit le crédit disponible pour les bourses nouvelles entre chaque catégorie, selon le nombre et la valeur des candidats et propose l'attribution des bourses et fractions de bourses dans l'ordre de la liste.

Art. 62. — Les propositions de chaque commission sont, selon le cas, transmises au Gouverneur général (Direction de l'Instruction publique) ou au Chef du Gouvernement local, qui statuent en dernier ressort.

Paiement des bourses, dispositions transitoires.

Art. 63. — Les bourses ou fractions de bourses sont payables par tiers, à terme échu, à l'expiration de chaque trimestre et sur la production d'un certificat de scolarité :

a) en Indochine, au directeur de l'établissement fréquenté par l'enfant ;

b) en France ou dans les autres colonies, au gré du chef de famille ou tuteur, soit à lui-même, soit au directeur de l'établissement fréquenté par l'enfant.

Le certificat de scolarité doit être délivré par le directeur de l'établissement et constater que l'élève a régulièrement suivi les cours pendant le trimestre écoulé en qualité de pensionnaire, de demi-pensionnaire, d'externe surveillé ou d'externe libre.

Art. 64. — Les certificats de scolarité des élèves boursiers résidant en France doivent parvenir par les soins de leur famille, au Gouverneur général (Direction des Finances) pour les bourses du budget général, aux Chefs d'Administration locale, pour celles des budgets locaux, aux dates extrêmes suivantes :

15 février pour le 1er trimestre de l'année scolaire ;
15 mai pour le deuxième ;
15 août pour le troisième.

Art. 65. — Les certificats des élèves boursiers résidant en Indochine sont adressés à la fin de chaque trimestre, par les directeurs des établissements à l'autorité intéressée.

Art. 66. — La non production du certificat de scolarité dans les délais fixés entraînera la suspension provisoire du mandatement de la bourse. Celle-ci pourra être mandatée à nouveau, à la réception du certificat, si les motifs justificatifs du retard paraissent suffisants. Toutefois, après un premier avertissement, l'autorité qui a attribué la bourse pourra, si le même fait se renouvelle, diminuer la quotité de l'allocation ou la supprimer totalement.

Art. 67. — La diminution ou la suppression d'une bourse en cours d'année scolaire pourra être décidée par mesure disciplinaire, si le boursier a fait l'objet de plainte du chef de l'établissement qu'il fréquente. Les sanctions de cette nature sont prononcées, après avis du Directeur général de l'Instruction publique, par l'ordonnateur du budget sur lequel sont payées les bourses.

Art. 68. — Les parents dont les enfants jouissent en Indochine d'une bourse scolaire et qui quittent la colonie avec leurs enfants peuvent obtenir, par décision du Gouverneur

général ou des Chefs d'Administration locale le mandatement
à leur profit, hors de l'Indochine, sur présentation des certificats de scolarité, jusqu'à la fin de l'année scolaire en cours,
du montant des trimestres de la bourse restant à courir, sans
que la quotité de cette dernière puisse être élevée. Si leur
absence se prolongeait au delà de la fin de l'année scolaire,
ils auraient à solliciter le renouvellement de la bourse.

Secours scolaires.

Art. 69. — Des secours scolaires renouvelables pourront être
attribués par le Gouverneur général, le Gouverneur de la Cochinchine ou les Résidents supérieurs aux parents qui résident
en Indochine et en allègement des dépenses qu'ils sont obligés
de débourser pour l'instruction de leur enfant.

Art 70. — Ces secours sont exclusivement accordés aux
enfants âgés de plus de 7 ans et de moins de 13 ans au 1er
octobre de l'année au cours de laquelle le secours est sollicité
et dont les parents, outre la condition de résidence fixée à
l'article précédent, réuniront les conditions déterminées par
l'article 73 du présent arrêté.

Art. 71. — Le quantum de chaque secours est proportionné
à l'âge de l'enfant, aux dépenses effectivement faites pour son
instruction, à la situation de fortune et aux charges de famille
des parents.

Art. 72. — Il n'est pas prévu de conditions d'aptitude pour
les secours scolaires.

Art. 73. — Les demandes d'attribution ou de renouvellement des secours scolaires doivent être adressées aux autorités
indiquées et dans les délais prescrits pour les demandes de
bourses scolaires.

Elles doivent être accompagnées :

1° des pièces qui constituent le dossier de famille tel qu'il
est prévu à l'article 48 du présent règlement ;

2° de l'acte ou du bulletin de naissance de l'enfant ;

3° d'une déclaration des parents faisant connaître d'une manière aussi précise que possible la somme qu'ils auront à dé-
penser dans l'année scolaire envisagée, pour frais de pension
ou de rétributions scolaires.

Art. 74. — Les secours scolaires sont supportés par les divers budgets de l'Indochine, suivant les mêmes règles adoptées pour les bourses.

Les demandes de secours scolaires et de renouvellement sont examinées par les commissions chargées de l'examen des demandes de bourses.

Art. 75. — Les listes des secours proposés, établies par les commissions susvisées, sont arrêtées suivant le cas par le Gouverneur général ou les Chefs des Gouvernements locaux.

Art. 76. — Des secours scolaires exceptionnels pourront être accordés directement par le Gouverneur général et les Chefs des Gouvernements locaux, à toute époque de l'année, et pour l'année scolaire en cours, aux familles dont la situation est brusquement devenue précaire, soit par un deuil, soit par un revers de fortune et qui ne se trouvent plus en mesure d'assurer l'éducation de leurs enfants.

Des allocations scolaires correspondant aux frais d'études ou de pension, pourront également être accordées, à titre exceptionnel, dans les conditions d'imputation qui précèdent aux enfants âgés de plus de 13 ans qui résident en Indochine.

Les demandes d'attribution de ces allocations devront être accompagnées des pièces constituant le dossier de famille, prévues à l'article 48 du présent arrêté.

Art. 77. — Sont abrogées toutes dispositions contraires au présent arrêté.

Art. 78. — Le Secrétaire général du Gouvernement général de l'Indochine, les Chefs des Gouvernements locaux, le Directeur général de l'Instruction publique et le Directeur des Finances sont chargés, chacun en ce qui le concerne, de l'exécution du présent arrêté, dont les dispositions entreront en application pour l'octroi des bourses et secours à accorder pour l'année scolaire 1928-1929.

Hanoi, le 14 mars 1928.

MONGUILLOT